내가 발굴한 대학

태재

내가 발굴한 대학
태재

태재대학교 1기 학생

**TAEJAE
University
Press**

추천사

염재호 (태재대학교 총장)

우리 학생들이 왕성하게 활동할 삼십 년 후의 미래는 20세기에는 상상도 할 수 없는 세계가 될 것입니다. 인공지능이 인간의 지적 능력을 초월하게 되고 인간은 이를 얼마나 잘 활용하는가에 따라 삶이 달라질 것입니다.

소위 '일류대학'이 아니라 미래혁신 대학에 도전한 태재대학교 학생들이 자랑스럽습니다. 그들은 전통보다는 혁신을, 지식보다는 상상력을, 고정관념보다는 창의적 아이디어를 더 중요하게 생각하기에 인생에서 매우 중요한 선택을 한 것입니다. 이들은 형식지를 암기하기보다는 능동학습을 통한 암묵지를 개발하여 복잡한 문제를 풀어낼 수 있는 디자인 능력을 갖추게 될 것입니다.

지난 일 년 새로 출범한 태재대학교에서 시간을 보낸 학생들이 왜 태재대학교를 선택하게 되었는지, 그들은 일 년 동안 무엇을 배웠는지, 이를 통해 어떤 활동을 하고 삶은 어떻게 변화되었는지를 진솔하게 기술한 책을 출간하게 되었습니다. 미래의 글로벌 리더들이 되기 위해 어떤 훈련을 받았는지 일 년 동안의 일상을 기록한 글들입니다. 아무도 가보지 않은 미지의 혁신적 교육이 이들을 어떻게 변화시켰는지 살펴볼 수 있는 귀한 글들이 모아졌습니다. 이 도전의 열매는 이들이 미래의 개척자로 이름을 남기게 되는 것으로 영글 것입니다. 앞으로도 세계 최첨단 글로벌 현장에서 펼쳐지는 이들의 탐험을 지켜봐 주길 바랍니다.

염 재호

차례

'태재'에 대하여 　　　　　　　　　　　　　　　박정인　011

발굴(發掘): 우리는 왜 태재를 선택했는가?

과연 교육은 변화할까? 　　　　　　　　　　　전다희　021

문화적 통합, 비즈니스 리더로의 성장　　　Lina Jellibi　031

태재까지의 여정 　　　　　　　　　　　　　　송예준　043

운명적인 만남:
관습적인 인생 경로에서 벗어나다 　　　　　　최지훈　055

우리는 무엇을 원하는가   권예주 065

철학자의 꿈의 방정식, 태재   김이준 079

그 좋은 밤으로 고요히 들어가지 맙시다.
빛이 저물어 감에 분노하고, 또 분노합시다.   박정인 093

'태재'에 대하여

박정인

태재대학교는 2023년 9월 개교한 대한민국의 4년제 사립대학이자 사이버대학입니다. 사이버대학이기 때문에 캠퍼스가 없고, 학생들은 온라인으로 강의를 들으며 활동에 참여합니다. '태재'는 <주역>의 괘 중 하나이자 음양의 조화를 상징하는 '클 태(泰)'와 '집 재(齋)' 자를 씁니다. 이는 동양의 사고방식과 문화 그리고 서양의 사고방식과 문화가 융합되어 보다 다채로운 것이 형성되는 곳임을 담고 있고, 보다 넓은 맥락에서는 서로 다른 생각을 지닌 사람이 모여 조화를 이루어가는 곳으로 이해해 볼 수도 있을 것입니다. 실제로 태재대학교의 표어 중 하나는 Great Harmony, 커다란 어울림이기도 합니다.

우리가 주위에서 흔히 볼 수 있는 대학의 모습과 태재대학교의 가장 큰 차이 중 하나는 글로벌 도시순환 Global Rotation일 것입니다. 태재대학교는 온라인 기반 하이브리드 Online Based Hybrid 대학이기에 캠퍼스라고 부를 수 있는 공간이 없지만, 재학생은 각자의 집이 아닌 한국, 일본, 미국, 중국을 포함한 여러 나라에 함께 머물며 배움을 추구합니다. 이해를 돕기 위해 예를 들어보자면, 연세대학교 재학생 대부분은 입학과 동시에 학부대학 소속으로 1년 동안 인천광역시 연수구에 위치한 국제캠퍼스에서 기숙생활을 하며 공부합니다. 태재대학교 재학생은 입학과 동시에 혁신기초학부 소속으로 1년 동안 한국에서 기숙생활을 하며 공부하다가, 이후 다른 나라로 넘어가 마찬가지로 기숙생활을 하며 공부하는 것입니다.

현재 2023년 9월에 입학한 1기 재학생은 1학기를 서울특별시 중구에 위치한 '호텔 U5'에 머물렀고, 이어지는 2학기와 3학기를 서울특별시 마포구에 위치한 '로컬스티치 크리에이터타운 서교'에 머무르고 있습니다. 지난 6월엔 이곳에서 전시회를 준비하여 지역주민들과 서로의 이야기를 나눌 기회를 갖기도 했습니다. 2025년 3월이 되어 4학기가 시작되면 일본 도쿄 근교 마쿠하리의 칸다외국어대학에서 배움을 이어갈 예정입니다. 이처럼 매 학기 혹은 매년 다른 곳에서 새로운 언어를 배우고, 새로운 문화를 경험하고, 새로운 사람들과 새로운 이야기를 적어 내릴 수 있는 것이 제가 개인적으로 바라보는 우리 학교의 매력입니다.

태재대학교의 또 다른 매력은 각 재학생이 살아온 이야기와 그 방식, 그리고 그들의 꿈이라고 생각합니다. 이는 제 시선으로 바라보는 것보다 여러분 각자의 시선으로 재학생 각자를 직접 바라보실 때 더 다채로운 이야기가 펼쳐질 수 있을 것이라 생각합니다. 이어질 태재대학교 재학생들의 이야기에 많은 관심을 부탁드립니다.

발굴(發掘)
우리는 왜 태재를 선택했는가?

과연 교육은 변화할까?

전다희

태재대학교에 대해 처음 들었을 때, 저는 매우 회의적이었습니다. 글로벌 도시순환, 자기주도학습, Civic Project 같은 발상은 너무 야심차 보여서 거의 사기가 아닌가 싶을 정도였습니다. 그러나 줄곧 대학에 관심을 가져온 저는 태재대학교에 대한 생각을 떨칠 수가 없었습니다. 태재대학교가 교육에 접근하는 혁신적인 방식이 흥미로웠는데, 그 호기심으로 저는 전통적인 교육방식에 의문을 품고, 그런 방식이 정말로 학습에 도움을 주는지를 탐구하게 되었습니다.

저는 평생 교사나 강사가 지식을 전달하고 학생이 그것을 수동적으로 받아들이는 전통적인 교육시스템 속에서 배워왔습니다. 지난 한 세기 동안 거의 변하지 않은 이 교육모델이 문득 충분치 않다는 생각이 듭니다. 제 배움의 여정을 되돌아보며, 저는 스스로에게 질문하기 시작했습니다. 단순히 강의를 듣는 것만으로 학생이 진정으로 세상을 배우고 경험할 수 있을까? 또한, 과연 교육은 변화할까?

1800년대 교실의 모습　　2000년대 교실의 모습

　교사가 강의하고 학생이 듣는 전통적인 교실 모델은 점점 더 구시대적인 것으로 여겨지고 있습니다. 사진은 교실에 관한 한, 과거와 현재의 차이가 크지 않다는 것을 보여줍니다. 카메라, 자동차, 전화기가 수십 년에 걸쳐 발전하는 동안 교육과 학습시스템은 얼마나 변화했을까요? 제 생각에는 별로 변하지 않은 것 같습니다. 제가 걸어온 길에서 교육을 되돌아보면, 대부분은 얌전히 앉아서 선생님의 말씀 잘 듣고 지시를 따르는 것이었습니다. 이러한 성찰은 더 흥미롭고 효과적인 학습경험을 찾기 위한 질문과 탐색으로 이어졌습니다. 여러 대학 프로그램을 찾아보았지만, 모두 똑같은 전통적인 교육모델을 제공하는 것 같았습니다. 바로 그때 태재대학교의 교육혁신 비전이 저에게 울림을 주었던 것입니다. 미래 세대를 위한 이 새로운 길을 개척하는 첫 번째 기수의 일원이 된다는 생각은 흥미로웠습니다. 저는 1기 재학생으로서 이 혁신적인 배움의 길을 함께 창조하고 만들어나갈 수 있을 것임을 깨달았습니다.

태재대학교를 선택하기까지 어떤 의심도 없었던 것은 아닙니다. 학교가 과연 잘 될까, 나는 보통의 대학생보다 어린 나이로 입학하게 될 텐데 이게 걸림돌이 되지는 않을까, 익숙한 삶과 오래 함께한 친구들을 떠나 새로운 여정을 시작해도 괜찮을까 하는 의문이 들었습니다. 그러나 모든 성공이나 개척자의 노력은 위험을 감수하는 것으로 시작된다는 것을 깨달았습니다. 이 기회를 담대하고 자신 있게 받아들이기로 굳게 마음을 먹고, 새로운 여정을 시작할 준비를 했습니다.

제가 태재대학교에 지원하기로 결심한 순간이 생생하게 기억납니다. 대학입학 관련 서적과 대입 에세이, 친구들의 사진으로 둘러싸인 방에 홀로 앉아 이것이 옳은 선택인지 아닌지에 대한 고민으로 가득 차 있었습니다. 전통적인 선택지는 안전해 보였지만, 제게 영감을 주지는 못했습니다. 그러다 다시 태재대학교 공식 홈페이지에 들어가 보았을 때, 머릿속에서 '딸깍' 하고 무언가가 켜진 기분이 들었습니다. 글로벌 도시순환을 통해 다양한 문화에 몰입하고, 자기주도학습을 통해 나의 교육을 내가 주도하며, Civic Project를 통해 이 세상을 바꾸어 나가는 미래의 제 모습은 곧 명확한 목적의식으로 저를 들뜨게 했습니다. 저는 이것이 바로 제가 필요로 하는 도전이고, 상상하지 못했던 방식으로 제가 성장할 수 있는 길이라는 것을 알 수 있었습니다.

태재대학교에 입학하면 학업능력뿐 아니라 다양한 역량을 키울 수 있는 기회가 기다리고 있을 것입니다. 예를 들어, 글로벌 도시순환은 다양한 문화 안에서 자유롭게 소통하는 적응력을 기르는 데 도움이 될 것입니다. 자기주도학습을 통해 무엇인가에 책임을 지고, 스스로 동기를 찾고, 능동적으로 지식과 진실을 추구하는 능력이 향상될 것입니다. Civic Project에 참여해 제가 배운 이론적인 지식을 현실 문제에 적용해 봄으로써 우리 사회에 기여할 수 있다는 분명한 목적의식을 가질 수 있을 것입니다. 태재대학교에 지원할 때 베이징의 번화한 거리를 탐험하고, 캘리포니아에서 포럼과 세미나에 참석하며, 도쿄에서 지역사회 프로젝트에 참여하는 자신의 모습을 상상했습니다. 그 모든 경험을 통해 이 세상과 거기에 속한 제 위치에 대한 이해에 새로운 지층을 쌓을 수 있을 것이라 생각했습니다. 앞으로 얻게 될 이 귀중한 자산은 저를 전 세계적인 위기에 대처할 준비가 된 사람으로 만들어 줄 것입니다. 저는 제가 올바른 결정을 내렸다는 확신을 갖게 되었습니다.

    태재대학교에 합류한 우리는 단지 대학생이 아니라 개척자가 되는 것입니다. 우리 1기는 태재의 문화, 전통, 그리고 미래를 형성할 수 있는 특별한 기회를 가지고 있다고 생각합니다. 서로가 서로를 격려하며 기반을 다지는 노력을 통해 우리가 경험하는 교육이 각자에게 도움이 되고, 또 우리가 태재대학교에서 후배로 만나게

될 다음 세대에 긍정적인 영향력을 지닌 유산을 남길 수 있게 해줄 것입니다. 태재대학교 1기의 구성원으로서 우리는 태재대학교를 정의하고 문화를 형성해 갈 책임이 있습니다. 단순한 학업적 성취를 넘어 서로 지원하고 포용하는 공동체를 구축하고, 더 나은 미래를 향한 혁신을 촉진하며, 지속적으로 문제를 개선하는 문화를 장려할 것입니다. 또한 태재대학교 1기가 된다는 것에는 우리가 대학의 발전에 밀접하게 관여하게 된다는 의미도 있습니다. 우리는 교육과정에 대한 생각을 나누고, 프로그램 개선을 제안하며, 심지어 새로운 혁신을 함께 창출해 낼 수 있을 것입니다. 학생으로서 학교 발전에 동참할 수 있는 귀중한 경험을 통해 우리는 더 크게 성장할 것입니다.

Next Answer

문화적 통합,
비즈니스 리더로의 성장

Lina Jellibi (리나)

대학 선택은 인생에서 가장 중요한 결정 중 하나로, 배움을 향한 여정과 미래의 경력뿐만 아니라 인품을 가꾸는 데까지 큰 영향을 미칩니다. 저는 이미 문화와 언어에 깊은 유대감을 형성한 나라인 한국에서 고등교육을 이어가고 싶었습니다. 처음에는 1기의 구성원이 된다는 점에서 망설임이 있었지만, 여러 이유에서 전 세계 다양한 기관 중 태재대학교는 이상적인 선택지로 다가왔습니다.

중학교와 고등학교 시절 4년 가까이 한국에서 살았던 저는 한국의 문화와 언어에 대한 깊은 애정을 키웠습니다. 이런 익숙함이 졸업 후 한국 대학에 지원하기로 한 결정에 중요한 역할을 했습니다. 한국에서의 시간은 언어능력을 향상시켰을 뿐만 아니라 한국의 관습, 전통, 사회적 규범에 깊이 몰입할 수 있는 기회가 되었습니다. 또한 한국 문화에 대한 소속감은 이곳에서 학업을 계속하는 것이 편안하고 의미 있는 경험이 될 것이라는 확신을 주었습니다.

저는 튀니지인으로서 유럽과 아프리카를 연결하는 다리 역할을 하는 우리나라의 전략적 위치 덕분에 다양한 문화를 경험하며 다양성에 대해 깊이 이해할 수 있었습니다. 다양한 국가의 학생들이 함께 배우고 성장할 수 있는 태재대학교의 다문화 환경은 제 안의 열정에 불을 지폈습니다. 접근하기 쉽고 현대적이면서도 혁신적인 방식으로 운영되는 태재대학교는 다양성과 포용성에 대한 저의 가치와 경험과도 잘 맞아떨어집니다.

또한 저는 가능한 한 많은 나라를 방문하여 전문적인 경험을 쌓고, 다양한 문화에 몰입하는 것이 꿈이었습니다. 전통과 현대가 역동적으로 조화를 이루는 한국은 제 비전과 완벽하게 맞아떨어지는 독특하고 익숙한 환경을 가지고 있습니다. 태재대학교는 방문하는 각 국가의 역사를 학생들에게 소개하고 가르치는 Global Society & Me라는 강의를 통해 학업목표를 추구하는 동안 한국의 문화와 역사를 접할 수 있는 훌륭한 기회를 줍니다.

FROM TUNISIA

비즈니스에 대한 관심이 많아 언젠가 회사를 설립하려는 꿈을 가진 저는 태재대학교의 글로벌 도시순환이 특히 매력적으로 다가왔습니다. 이 혁신적인 시스템은 학생들에게 여러 국가에서 공부할 수 있는 기회를 주고, 교육과 비즈니스 관행에 대한 새로운 글로벌 관점을 열어 줄 것입니다. 세계 각지의 전문가 및 동료들과 네트워크를 형성할 수 있는 기회는 기업가를 꿈꾸는 사람에게 매우 귀중한 자산입니다. 저는 글로벌 도시순환이 학생들의 시야를 넓히고, 다양한 비즈니스 환경에 노출시키며, 글로벌 마인드를 개발할 수 있도록 설계된 도구라고 생각합니다. 뿐만 아니라 국제적인 인맥을 구축하고, 다양한 시장에 대한 지식을 습득하며, 비즈니스에 대한 유연한 접근방식을 개발할 수 있는 훌륭한 플랫폼을 제공할 것이라고 생각합니다.

저는 실용적인 사람입니다. 태재대학교는 대학의 사회적 책임에 대한 헌신의 일환으로 학생들이 이론과 비전을 현실로 전환할 수 있도록 Civic Project라는 프로그램을 설계했습니다. 이러한 프로그램은 학생들이 현실세계의 문제에 참여하고, 현지 커뮤니티와 협력하며, 사회에 긍정적인 영향을 미치는 솔루션을 개발하도록 장려합니다. 저는 이와 같은 실습 중심의 학습방식을 매우 중요하게 생각합니다.

태재대학교에서 Civic Project에 참여하면서 학생들은 문제해결 능력과 비판적 사고능력을 키울 수 있습니다. 이 두 가지는 현대 사회에서 필수적으로 마스터해야 할 중요한 역량입니다. 기업가를 꿈꾸는 저에게 이 경험은 매우 소중합니다. 그것은 제 혁신 능력을 향상시킬 뿐만 아니라, 사회에 대한 책임감도 심어줍니다. 사회적 문제를 해결하는 프로젝트에 참여함으로써 의미 있는 변화를 도모하는 동시에 성공적인 비즈니스를 이끌기 위해 필요한 기술을 갈고닦을 수 있을 것입니다.

태재대학교의 교수진은 풍부한 지식과 경험을 가진 전문가와 학자들로 구성되어 있습니다. 교수님께서 제

시하시는 다양한 의견과 관점을 듣는 것은 매우 놀라웠습니다. 제가 이전에 생각해 보지 못했던 관점까지 접하게 되었기 때문입니다. 특히 비즈니스와 경제에 관심이 있는 사람에게는 이러한 점이 매우 중요합니다. 결정을 내릴 때 다양한 요인과 외부효과를 함께 고려해야 함을 알 수 있었고, 자신의 신념에 반하는 잘 뒷받침된 주장을 들으며 매우 큰 깨달음을 얻을 수 있습니다. 또한, 연구와 혁신에 대한 대학의 강조는 학생들이 새로운 아이디어를 탐구하고 지식의 경계를 확장하도록 장려합니다. 이때 개선의 방향을 비교과 활동의 영역을 넓히는 쪽으로 잡을 수도 있습니다. 대학은 이미 학생들이 자신의 관심사에 몰두할 수 있도록 다양한 동아리와 조직을 제공하고 있지만, 더 많은 스포츠 활동을 포함한다면 학생들에게 다양한 취미를 탐구할 수 있는 기회를 통해 대학 경험을 더욱 풍성하게 할 수 있을 것입니다.

　　대학에 입학할 때는 누구나 의심과 망설임이 있을

것입니다. 특히 신설된 대학이라면 더더욱 그렇습니다. 하지만 제가 태재대학교에 입학하는 것에는 단순히 교육을 받는 것 이상의 의미가 있습니다. 바로 습득한 지식을 적용하면서 새로운 기회와 도전을 받아들이는 것입니다. 태재대학교의 미래지향적인 교육방식은 우리가 빠르게 변화하는 세상에 대비할 수 있도록 준비하는 것을 도와줍니다. 저는 치열한 비즈니스 세계에서 리더로 성장하는 데 필요한 기술을 습득할 것이라고 확신합니다. 대학의 기업가 정신과 혁신에 대한 집중은 제 경력 목표와 완벽하게 일치합니다. 태재대학교가 제공하는 스타트업 지원과 비즈니스업계 리더들과의 강력한 연결고리는 기업가를 꿈꾸는 학생들에게 매우 귀중한 자산이 될 것입니다.

결론적으로, 제가 태재대학교에 입학하기로 한 결정은 개인적인 경험, 학업적 열망, 그리고 문화적 배경의 결합에 영향을 받았습니다. 4년 가까이 한국에 살면서 한국의 문화와 언어에 대한 깊은 애정을 갖게 되었고, 이로 인해 한국에서 고등교육을 받는 것이 자연스러운 선택이 되었습니다. 태재대학교의 글로벌 도시순환, Civic Project에 대한 강조, 혁신에 대한 헌신은 제 목표와 가치관에 완벽하게 부합합니다. 또한, 튀니지인으로서의 배경은 저에게 다양성과 기업가 정신에 대한 열정을 심어주었으며, 앞으로 남은 3년 동안 태재대학교에서 이를 더욱 성장시킬 것이 기대됩니다.

Next Answer

태재까지의 여정

송예준

저는 스스로를 전형적인 한국 학생이라고 생각합니다. 영어 유치원 출신도 아니고, 일반 초등학교, 중학교, 고등학교를 졸업했습니다. 태재대학교 재학생 중 다른 나라에서 지내며 공부해 본 경험을 한 이들은 찾아보기 어렵지 않은 반면(기간의 차이는 있지만), 저는 '가장 평범한' 한국의 한 학생으로 살아왔습니다.

고등학생 시절 어떻게 살아야 하는지, 대학을 졸업하고 사회에 어떤 기여를 할 수 있을지 스스로에게 끊임없이 되물었지만, 결국 납득할 만한 답을 찾지 못하고 눈앞의 대학입시를 위해 학생부 종합전형과 수능에 집중했습니다. 다행히 고등학생으로서 해왔던 다양한 비교과 활동 덕분에 '앎을 삶으로 실현하자'라는 가치관을 정립할 수 있었습니다.

그렇게 대학생이 되었습니다. 배움을 이어오던 중 태재대학교를 알게 되었고, 이후 지원을 결심하기까지는 그리 오랜 시간이 걸리지 않았습니다. 평범한 한 명의 학생으로서 제가 고등학교 3년 동안 열심히 노력해

온 흔적을 가장 잘 보여줄 수 있을 것이라고 생각했던 전형은 태재미래인재전형이었습니다. 2023학년도 입시에서 태재미래인재전형은 에세이와 학생부로 1차 평가를 진행했고, 지원자 간의 그룹토론 면접과 교수님 혹은 면접관님과의 개별 면접으로 각각 2차, 3차 평가를 진행했습니다. 모든 평가단계에서 저는 태재대학교에 입학하기로 결심했던 계기와 혁신 교육의 필요성을 매 순간마다 떠올려 답변에 녹여내었습니다.

객관적으로 보았을 때 제 학생부는 3년 내내 경영학과와 관련된 것들로 채워져 있었습니다. 학생부 속의 저는 정보기술과 지속가능한 경영에 관심이 있는 학생이었기에, 제가 왜 갑자기 태재대학교와 같은 혁신대학에 도전장을 내밀었는지를 교수님께서 납득하실 수 있도록 구체적으로 설명하고자 했습니다. 제가 정립했던 가치관, 다문화 가정 어린이를 대상으로 봉사를 하며 다문화 사회를 살아가는 데 필수적인 역량인 개방성과 포용성을 길러가기에 태재대학교가 좋은 환경이 될 수 있을 것임을 깨달았던 과정을 떠올리며 제가 태재대학교에 꼭 와야 하는 이유를 강력하게 주장했습니다.

그룹토론 면접에서는 지원자 모두 논리정연하게 말씀을 잘 해주셔서 우열을 가리기 어려웠습니다. 주어진 문제를 잘 분석해 내고 타당한 근거를 갖고 주장을 이어가는 것은 기본이었기에, 저는 한 관점에만 초점을 두는 것이 아니라 서로 다른 다양한 맥락에서 바라보고자 노력했고, 다른 지원자와 생각을 효과적으로 나누는 것에 집중했습니다. 주장을 펼칠 때 다른 지원자들과, 가끔은 면접관 선생님과 눈을 마주치고 고개를 끄덕이며 제가 긴장했음에도 소통을 위해 최선을 다하고 있다는 사실을 드러내고자 했습니다. 제가 참여했던 조에서는 결과적으로 독창적이고 특색 있는 생각을 제시하지 못했더라도 적절한 근거를 바탕으로 생각을 풀어내 설명하고자 했던 분들이 합격했습니다. 토론 중 말문이 막히고 버벅거리기도 하며 긴장한 티가 많이 났지만, 좋은 내용을 바탕으로 한 주장을 하나의 이야기로 논리정연하게 전달하고자 한 점을 좋게 봐주신 것이 아닐까 생각했습니다.

어떤 주장이 우세했는지를 가르기보다 함께 면접에 참여했던 지원자가 한 팀이 되어 다양한 관점을 제시하고 서로의 의견을 존중하는 태도를 보이는 것이 가장 중요하다고 생각합니다. 저는 어렸을 때부터 학교에 가기 전 준비하는 시간과 학교에 가는 시간을 활용하여 뉴스와 종이신문을 즐겨봤는데, 이 습관이 그룹토론 면접 준비에 도움이 되었다고 느꼈습니다. 면접 전 일주일 동안은 알림으로 뉴스 레터를 전해 주는 앱을 사용해 하루에 몇 번씩 중요 이슈를 파악했습니다. 제한시간을 정하고 제 나름의 입장을 조리 있게 말해 보는 등 생각의 흐름을 다듬는 연습을 해보기도 했습니다.

개별 면접은 다른 대학교 면접을 준비했던 때처럼 고등학교 3년 동안의 활동을 빠짐없이 되살려 기억해 두기 위해 노력했습니다. 작성했던 보고서를 다시 읽어보고, 학생부에 적었던 이론과 관련된 내용이 꿈에 나올 정도로 달달 외웠습니다.

저는 압박 면접이 이루어질 것으로 예상했는데, 실제 개별 면접은 제 예상과는 거리가 멀었습니다. 첫 질문은 "기존에 다니던 대학교가 마음에 들지 않아 태재대학교에 지원한 것입니까?"라는 질문이었습니다. 이에 태재대학교의 6대 핵심 역량이 어떠한 면에서 왜 중요하다고 생각하는지를 하나씩 말씀드리며, 혁신 교육의 중요성에 제가 얼마나 진심으로 공감하고 있는지 열성적으로 답변했던 기억이 납니다.

교수님께서는 제가 에세이에 작성했던 내용 중 2가

지를 심도 있게 질문하셨습니다. 저의 활동이 학교에 어떤 영향을 미쳤고, 이전과 달라진 점이 있다면 무엇이 어떻게 달라졌는지, 그 실질적인 결과에 대해 매우 궁금해 하셨습니다. 저는 결과가 기대에 미치지 못했던 활동에서 한계가 있었고 그것이 무엇이었는지 솔직하게 답변하는 한편, 날카로운 문제의식과 창의적인 제안으로 칭찬받았던 일화도 언급했습니다.

면접 말미에, 제가 9년 동안 한국의 전통무술인 태권도를 배우고 있는데 최근 4단 심사를 받기 위해 연습하고 있으며, 태재대학교에 태권도 동아리를 만들어 학우들의 스트레스 해소에도 도움을 주고 더불어 한국의 태권도 정신을 세계에 널리 알리고 싶다는 포부를 밝혔습니다. 다양한 배경을 지닌 여러 국적의 학생들과 함께 생활하면서 서로의 문화를 깊이 나누고 배울 수 있다는 점을 태재대학교가 지닌 강점으로 언급하며 제가 한국의 문화를 알릴 준비가 되어 있는, 태재대학교의 다양성을 키우는 데 기여할 학생이라는 점을 강조했습니다.

정리하자면 태재미래인재전형에서 학생들의 기본적인 역량을 평가하는 것은 1차 에세이와 학생부, 그리고 2차 그룹토론 면접이고, 3차 개별 면접은 학생이 쌓아온 지식과 경험을 활용해 어떤 꿈을 어떻게 그리고 있는지, 그리고 태재에서의 새로우면서도 힘들지도 모를 여정을 잘 견뎌내어 글로벌 리더로 성장해 갈 수 있는지를 살펴보는 과정이라고 생각합니다. 면접을 준비하면서 비록 큰 물결을 만들어내지 못한 미미한 파동이더라도 그것에 실망하지 않고 경험으로 삼아 나의 성장에 적극적으로 활용하려는 긍정적인 태도를 가지고자 하며 스스로가 한 단계 성장했음을 느낄 수도 있었습니다.

최종합격 발표 이후, 제 앞에 펼쳐질 새로운 기회에 설레기도 했지만 동시에 걱정이 되기도 했습니다. 영어도 아직 잘 하지 못하는 제가 학교수업은 잘 따라갈 수 있을지, 우리가 흔히 '간판'이라고 부르는 대학 이름에 기대는 것 없이 제 능력을 오로지 홀로 증명해 내기 위해서는 지금까지 지내왔던 것보다 어쩌면 더 주체적으로 제 한계를 마주하고 스스로 발전하기 위해 노력해야 한다는 생각에 겁이 나기도 했습니다.

그렇지만 우선 할 수 있는 일부터 차근차근 해보자는 마음가짐으로 입학을 준비할 때부터 매일 하고 있던 영어공부에 더욱 매진했습니다. 평일 오전 9시부터 오후 2시까지 총 5시간 동안을 영어공부 시간으로 정해두었는데, 이 습관을 1년이 지난 지금까지 방학마다 유지하고 있습니다. 덕분에 태재대학교에 입학해서 영어 실력이 많이 늘었다고 자부할 수 있습니다.

태재대학교는 모든 수업을 영어로 진행하고, 서로의 모국어가 통하지 않는 학생들과 영어로 소통하며 함께 생활하는 만큼 한국인으로서 영어실력을 길러가기에도 좋은 환경이 아닐까 생각해 봅니다. 지난 1년 동안 영어에 보다 익숙해지니 몸과 마음에도 여유가 생겼고, 앞으로 제가 관심을 갖고 해 나갈 일들에 이 성장 또한 하나의 도움을 줄 것이라는 생각이 듭니다.

마지막으로 태재대학교 입학을 고민하시는 분들께 드리고 싶은 말씀이 있습니다. 사람마다 생각이 다를 것이고 누군가에겐 이 기회가 또 다른 형태로 다가갈지 모르지만, 태재대학교 입학은 무엇인가를 따라가던 삶을 내가 주도하는 나의 삶으로 바꾸어 가는 전환점이자 새로운 나를 마주하게 될지 모를 출발점이라고 말씀드리고 싶습니다.

Next Answer

운명적인 만남:
관습적인 인생 경로에서 벗어나다

최지훈

안녕하세요 여러분! 저는 남아프리카공화국에서 태어나 그곳에서 자란 한국인 최지훈입니다. 태재대학교에 입학하기 전에는 국제 모델로 활동했습니다. 태재대학교에 입학하기 전의 제 삶에 대해 조금 말씀드리기 위해 잠시 2020년으로 거슬러 올라가 보겠습니다.

당시 고등학교를 졸업했던 제겐 크게 두 가지 선택지가 있었습니다. 케이프타운대학교 의대에 입학하거나, 스텔렌보쉬대학교에서 전액 장학금을 받으며 보험계리학을 전공하는 것이었습니다. 두 학교 다 남아프리카공화국에서 권위 있는 학교이기에 어느 쪽이든 매력적인 기회였지만, 저에게는 항상 다양하고 독특한 경험이 가장 중요했습니다. 이 열망에 이끌려 두 선택지를 모두 과감하게 포기하고 국제 모델로서의 경력을 쌓기로 결정했습니다. 지금 돌이켜보면, 모델 일을 선택하지 않았다면 태재대학교에 입학할 기회도 없었을 거라는 생각이 듭니다.

DOLCE & GABBANA

FROM SOUTH AFRICA

　태재대학교에 입학하기로 결정한 것은 고등학교를 졸업하고, 명문대에 진학하고, 직장을 구하고, 은퇴할 때까지 일하는 관성적인 인생의 경로에서 벗어나려는 열망에서 비롯되었습니다. 이 전통적인 경로는 저에게 항상 단조롭게 느껴졌고, 제가 갈망했던 흥미와 열정이 부족한 길로 다가왔습니다. 저는 프리랜서 작업자들을 오랫동안 존경해 왔고, 그들이 열정을 가지고 자신의 일을 주도하면서 프로젝트에 참여하는 능력을 부러워했습니다. 제게 프리랜서는 단일 회사의 기업가 정신을 구현한 존재이자 자기주도적인 학습능력뿐 아니라 다양한 분야의 지식과 기술을 통합하여 성공을 이룬 사람들입니다. 이들의 삶의 태도는 저에게 깊은 울림을 주었습니다. 그리고 왜 대학이 학생들을 독립적이면서도 평생 배우고자 하는 사람으로 키워내지 않는가 의문을 품게 만들었습니다. 이때 태재대학교가 제 관심을 끌었습니다.

저는 태재대학교의 비전과 혁신적인 접근방식에 바로 매료되었습니다. 마치 우주가 제 꿈과 야망에 대한 하나의 답으로 이 기회를 선물한 것 같았습니다. 상호작용에 초점을 두는 학습, 학생이 중심이 되는 맞춤형 교육, 교수님과의 일대일 세션, 그리고 글로벌 도시순환이라는 특징이 너무 마음에 들어 처음에는 믿기 어려울 정도였습니다.

이러한 접근방식은 지속적으로 발전해 가고 싶은 제 욕구와 완벽하게 맞아떨어졌습니다. 제가 대학에 지원할 때까지 저는 제 정확한 진로와 전공에 대한 확신이 없었습니다. 인공지능, 비즈니스 및 마케팅, 예술 및 인문학 등 다양한 학문에 대한 관심을 가지고 있었기 때문입니다. 넓은 분야에 걸친 호기심으로 다양한 분야를 통합하고 학제 간 연구를 실현할 수 있는 방법을 찾으려 고민하고 있을 때 태재대학교의 '자기설계 전공'이 해결책으로 다가왔습니다. 이제 저는 다양한 관심사를 탐구하고 열정과 목표에 맞춘 학업경로를 설계할 수 있는 유연성을 갖게 되었습니다. 이 혁신적인 선택지는 태재대학교에 입학하기로 한 제 결정에 중요한 요소였으며, 저는 앞으로 제 배움의 여정을 자유롭게 설계할 수 있을 것입니다.

태재대학교의 글로벌 도시순환도 제 결정에 중요한 역할을 했습니다. 저는 세계가 점점 더 연결되고, 세계화가 서로 다른 문화와 멀리 떨어진 국가를 더 가깝게 하며, 우리가 살아가는 곳에서 파트너십과 협력이 늘어나고 있다는 사실을 인식하고 있었습니다. 그래서 국제적 경험을 쌓아 다양한 관점을 이해하는 것이 중요하다고 생각했고, 태재대학교의 글로벌 도시순환이 학문적인 활동뿐만 아니라 더 나은 인간으로 성장할 수 있는 귀중한 경험을 쌓게 될 완벽한 기회라고 믿었습니다.

또한, 앞서 언급했듯이, 저는 경험이야말로 귀중한 자산이라고 생각합니다. 경험이 많을수록 자신의 선호도, 강점, 약점을 더 명확하게 파악할 수 있기 때문입니다. 경험을 통해 시야가 넓어지면 세상의 복잡한 모습을 탐색하고 이해할 수 있는 능력 또한 향상됩니다. 태재대학교에 입학하기로 한 또 다른 중요한 이유 중 하나는 1기 구성원이 된다는 것이었습니다. 이 흔치 않은 기회이자 선구적인 경험은 독특한 배움의 여정을 약속했을 뿐만 아니라, 태재대학교의 성장과 발전에 기여할 수 있는 기회가 되기도 할 것입니다. 저는 태재대학교의 첫 번째 학생이 된다면 인생 전반에 걸쳐 도움이 될 다양하고도 독특하며 귀중한 경험이 기다리고 있으리라 확신했고, 태재대학교와 함께 성장하는 시간 역시 제게 큰 자산이 될 것이라고 믿었습니다.

물론, 이런 의문이 들 수도 있습니다. 시간이 어느 정도 지나 태재대학교의 교육시스템이 다른 대학과 큰 차이가 없는 표준이 된 상황에서, 제가 여전히 미래의 기수로서 태재대학교를 선택했을지에 대한 질문입니다. 태재대학교에 지원하기 전, 태재대학교 총장님께서 출연하신 인터뷰 영상을 접하게 되었습니다. 그 영상을 통해 태재대학교가 빠르게 변화하는 사회에 적응하고 그 혜택을 누리기 위해 설립되었다는 사실을 알게 되었습니다. 저는 총장님께서 분초를 다투어 변화하는 디지털 세상에서 전통적인 교육모델의 효과에 의문을 제기하셨고, 변화하는 사회에 맞게 교육시스템을 조정해야 할 필요성을 인식하시며, 새로운 백년대계를 구축하기 위한 도전의 첫 걸음을 내디뎠다고 느꼈습니다. 이를 통해 저는 태재대학교의 사명은 변화하는 사회의 요구에 맞춰 교육의 의미와 방향을 조정하고, 더 나아가 세상을 이끌 수 있는 대학이 될 수 있는 잠재력을 갖추는 것이라고 결론지었습니다. 태재가 가진 변화의 가능성을 믿기에 저는 지금도 태재대학교를 선택했을 것이라고 자신 있게 이야기할 수 있습니다.

저는 스스로에게 도전하고 어려움을 극복하며, 혁신, 성장, 리더십의 기회로 가득 찬 독창적인 여정을 추구하려는 열망에 이끌렸습니다. 세상에 긍정적인 영향을 남길 지도자와 개척자를 양성한다는 태재대학교의 비전은 제 자신의 열망과 깊이 맞닿았습니다. 제가 중시하는 가치와 태재대학교의 비전이 일치했기 때문에 최종적으로 태재대학교 입학을 결정하게 되었습니다.

결국 제가 태재대학교에 입학하기로 결정한 것은 여러 이유에서였습니다. 저는 기존의 틀에서 벗어난 교육, 즉 유연함, 학제 간 연구, 그리고 개개인의 성장에 초점을 둔 교육에 목말라 있었습니다. 태재대학교가 교육에 접근하는 독창적인 방식, 혁신적인 프로그램, 그리고 1기 구성원으로서 개척자가 될 기회는 모두 제게 스스럼없이 다가왔습니다. 조금씩, 그러나 확실하게 성장하고, 다양한 관심사를 탐구하며, 궁극적으로 세상에 도움이 될 발자취를 남길 수 있게 도와줄 완벽한 환경을 태재대학교가 만들어 줄 것이라고 굳게 믿습니다.

Next Answer

우리는 무엇을 원하는가

권예주

"왜 대학에 가야 하는지 모르겠어요."

고등학교 1학년 진로상담 시간, 저는 선생님 앞에서 최대한 예의 바르게 말하려 애썼습니다.

교실에는 여러 유형의 학생이 있기 마련입니다. 일찍이 자신의 진로를 정해서 학창시절 내내 거기에 초점을 맞춰 올인 하는 학생이 있는가 하면, 진로가 뚜렷하지 않아 더듬더듬 길을 찾아나가는 학생도 있습니다. 둘 중 저는 단연코 후자였습니다. 더 정확하게 말하면, 저는 제 진로를 어느 학교나 학과나 직업에 두지 않았습니다. 저는 무엇이 되어도 좋으니 다만 좋은 삶을 살고 싶었습니다.

그래서 '무엇을 원하는가?' 스스로에게 묻기 시작했습니다. 대학입시에서 중요하게 생각하는 학교생활기록부, 전공적합성, 내신성적을 넘어 좋은 삶이라 함은 무엇을 의미하는지 찾고 싶었습니다. 우선은 제가 좋다고 믿는 대로 살아보기로 했습니다. 학업 성적보다 배움과 성장을 추구하는 사람이 되고 싶다면 잘하는 과

목보다는 평소에 약하던 수학과 과학을 선택해 공부해 보자는 식이었습니다. 그렇게 살다 보면 나중에 그 모습들을 되짚어가며 내가 어떤 사람인지를 알게 되지 않을까 기대했습니다.

시간은 눈 깜짝할 새에 지나갔습니다. 고등학교 3학년이 되어서 대입이라는 것이 피부에 와닿을 즈음에도 저는 여전히 '무엇을 원하는가?' 라는 질문 주위를 맴돌았습니다. 언제나 하고 싶은 것을 따라 살아왔는데, 대학은 내게 이 다음이 되어줄까요? 그런 제자에게 선생님들께서 여러 가능성을 소개해 주셨는데, 감사하게도 이때 태재대학교를 알게 되었습니다. 당시 제가 생각하는 가장 이상적인 학교의 모습과 닮아 있었기에, 이제껏 그래왔듯이 이번에도 내가 좋다고 믿는 대로 선택해 보기로 했습니다.

일반대학의 수시모집과 태재대학교 입시, 두 가지를 준비하던 제게 예상치 못한 일이 벌어진 건 2022년에서 2023년으로 넘어가는 겨울 즈음이었습니다. 수능

최저를 만족하지 못해서 수시로는 어디에도 합격하지 못했지만, 2월의 태재대학교 입시가 남았으니 일단 눈앞의 입시부터 끝내야지 생각하고 있었습니다. 그런데 2023년 초에 이뤄질 예정이었던 태재대학교 입시가 같은 해 여름으로 옮겨지면서 관성대로 흘러가던 입시 일정에 브레이크가 걸렸습니다. 저는 고등학교 교무실에 앉아서 갑작스럽게 등장한 두 선택지를 치열하게 재어보고 있었습니다. 정시 결과로 대학을 갈 것이냐, 가지 않을 것이냐.

적잖이 당황했지만 고민은 길지 않았습니다. 저는 대학에 진학하지 않은 채로 반년간 휴식기를 갖기로 했습니다. 결정하고서는 오히려 속으로 기뻐했던 기억이 납니다. 이왕 어디에도 소속되지 않게 되었으니, 반년 후의 입시나 수시 반수 등을 신경 쓰기보다는 내가 진짜 하고 싶었던 것들에 집중하고 싶어졌습니다. 중학생 때부터 배우고 싶었던 보컬 레슨을 받기 시작했고, 완전히 새로운 경험을 해보려고 아르바이트도 해봤습니다. 새벽까지 노래를 만들고 짤막한 글들을 조각조각 쌓기도 했습니다. 책을 읽고 싶어서 학교 후배랑 독서 모임을 만들었습니다. 카페에 갔다가 알바를 하고, 연습실에 들렀다가 공원을 돌아다니는 등 매일매일 내가 가장 하고 싶었던 것들로 가득 채워갔습니다. 시간이 흐를수록 저는 내내 이렇게 계속 살아도 좋지 않을까 생각했습니다. 충분히 행복하니까 앞으로도 계속 이대로 살아도 괜찮지 않을까 말입니다.

그렇게 생각하면 마냥 기쁠 줄 알았는데, 오히려 속이 답답해졌습니다. 당황스러웠던 저는 태재 입시가 다가와서 그렇다고 생각했습니다. 이제야 무엇을 하고 싶은지 찾은 것 같은데 굳이 무엇을 더 해야 할까요?

그래도 지원은 해봐야지 하고 마음을 다잡은 데에는 부모님의 의견이 큰 역할을 했습니다. 아무리 대학을 가지 않겠다 하더라도 지원조차 안 해보는 건 너무 아깝지 않느냐는 말에 반 정도 설득되어서 등 떠밀리듯 서류를 준비하기 시작했습니다. 2023학년도 9월 모집은 태재미래인재전형과 자기혁신인재전형, 그리고 사회통합전형이 있었는데, 공통적으로 제출해야 하는 에세이의 첫 질문이 다음처럼 시작했습니다.

"태재대학교에서 이루고자 하는 본인의 목표를 개인적 관심사, 가치관, 포부 등과 관련하여 설명하고 … ."

처음부터 지원자에게 이런 걸 물어보다니 확실히 남다른 학교라고 생각하며 저는 다시 스스로에게 물었습니다.

"무엇을 원하는가?"

세상에 선물을 주는 예술가가 되고 싶다, 이것이 반년간 찾아낸 제 대답이었습니다. 예술은 필연적으로 예술가의 삶을 비추어내기 때문에 예술가가 된다는 건 더 깊이 있고 좋은 삶을 살아내겠다는 다짐이고, 세상에 선물을 준다 함은 제가 예술이라고 부르는 것들이 단순히 저를 배설(排泄)하는 것을 넘어 타인에게 유의미한 무엇이 되기를 바라는 마음이었습니다.

이런 생각들을 자기소개서로 정리해 나가다 보니 자연스럽게 마음이 답답했던 이유를 알게 되었습니다. 저는 '안정(安定)'과 '안주(安住)' 사이에서 헤매고 있었습니다. 예술가는 본디 내면에서 계속 예술을 퍼 올려야 하는데, 제가 무언가 만들어내기에 제가 보는 세상이 너무 좁았습니다. 제가 가진 게 얕다면 세상에 줄 수 있는 것도 얕아질 것입니다. 이 사실을 직시한 뒤로 제 관점은 조금 바뀌었습니다. 태재대학교에 가느냐 마느냐보다 더 본질적으로, 어떻게 저의 안온한 일상을 탈

피할 것인지 모색해야 했습니다.

자기혁신인재전형으로 1차 합격 통보를 받고 면접 준비를 하면서도 최종합격은 제 목표가 아니었습니다. '나는 앞으로 어떻게 살고 싶은가?'와 같은 질문에 대한 대답을 끊임없이 생각하고 적고 다시 읽었습니다. 나는 무엇을 하고 싶은가, 태재여야 한다면 그 이유는 무엇인가, 태재가 아니라면 어떻게 살아갈 생각인가.

그럼에도 불구하고 모호함은 사라지지 않았습니다. 제게 태재여야 하는 이유는 수도 없이 많았습니다. '1기'라는 이름에서 오는 에너지는 대체 불가능하다, 생각하는 법부터 가르치는 학교는 내가 이제껏 꿈꿔온 그 학교의 모습이다, 세계를 누비는 것은 내게 두 번 다시 없을 경험이 될 것이다. 누군가는 제게 운명 같다고도 이야기했습니다(어쩜 딱 내 앞에 이런 길이 열렸느냐며). 하지만 이상하게도 머리로는 이해가 되는 저 말들이 마음으로 와닿지가 않았습니다. 태재에 눈길이 가는 건 맞는데, 여전히 제가 무엇을 원하는지 분명하게 답할 수 없어서 마음만 분주해지는 기분이었습니다.

면접 당일, 저는 태재대학교 본관 안에서 여섯 명의 지원자 중 세 번째 순서로 앉아 대기했습니다. 들어가서 앉을 때까지 면접에 대해서는 아무 생각이 없었습니다. 교수님께서 잠깐 안내사항을 알려주시고, 짧은 준비시간이 지난 뒤 첫 사람부터 면접을 보게 되었습니다. 교수님께서 퇴장하시고 주위를 둘러보니 다들 열심히 준비해 온 자료들을 읽고 있었습니다. 공간은 금세 면접 대기실 특유의 기묘한 정적으로 가득 찼습니다. 주위가 조용해지자, 재밌게도, 그제야 긴장감이 피어올랐습니다. 저도 나름대로 생기부와 증빙서류를 앞에 늘어놓았지만 아무것도 눈에 들어오지 않았습니다. 도무지 머릿속에 떠오르는 문장들을 내버려둘 수 없어서 서류의 빈 뒷장에 있는 대로 끄적였습니다.

신기한 경험이었습니다. 저는 그 사람들을 모르고, 그 사람들도 저를 모르지만, 그 대기실에서 느꼈던 공기에는 질적(質的)으로 달랐던 무언가가 있었습니다.

거기 모인 사람들 모두가 가지고 있는 것, 동시에 제가 아직 알지 못하는 어떤 것, 어쩌면 그게 제가 이제껏 알고자 했던 무엇일지도 모른다는 직감이 들었습니다.

알아야겠다고 생각했지만 답은 짧은 시간 안에 주어지지 않았습니다. 저는 최종합격 통보를 받은 날에도, 기숙사에 입소한 첫날에도, OT에서도, 입학식과 학교생활 중에도 그 묘한 감각에 둘러싸여 산다고 느꼈습니다. 대체 이걸 뭐라고 불러야 할까요? 이게 뭐길래 내가 여기까지 오게 된 걸까요?

저는 언젠가부터 그 무언가를 '밀도(密度)'라고 부릅니다. 자신의 삶을 빼곡하게 살아가는 사람들의 내면에는 종이가 쌓이듯이 차곡차곡 시간이 쌓입니다. 하나 둘 있을 때는 별 차이 없어 보이던 그 시간들은 꾸준히 모여서 사람의 알맹이가 되고, 신념이 되고, 고유한 개성과 분위기를 만듭니다. 태재에는 야심 차게 어떤 가치를 좇아 온 사람들이 모이는데, 그런 사람들은 하나같이 자기만의 질문과 고민과 시간을 충실히 쌓아온 사람들이었습니다.

그리고 1년 전, 두서없는 생각들을 뒤로하고 면접을 봤던 저도 그런 사람이 되고 싶었습니다. 더 밀도 높은 삶을 원했습니다. 알맹이 있는 사람이 되고 싶습니다. 말 한마디 나눠본 적 없는 사람들과 있던 공간에서부터, 밤새워서 머리를 싸매고 과제를 하는 기숙사에서까지 이 자리에 모인 사람들은 모두 저마다의 밀도 있는 시간을 쌓아온 사람들입니다. 저는 본능적으로 이 사람들과 한 공동체에 속하게 되면 조금이라도 그들을 닮게 될 것임을 알아챘던, 되리라고 믿었던 것일 터입니다.

태재라는 지붕 아래 모이고서 우리는 꽤 자주, 보통 늦은 새벽에 없는 여유를 부려가며 서로가 무엇을 원하는지 이야기합니다. 그 대상은 때론 스스로가 되기도, 각 사람, 공동체, 학교, 더 나아가 우리가 살아갈 세상이 되기도 했습니다. 삶의 밀도를 유지하는 것만으로도 벅찬 저는 이따금 불퉁스럽게, '우리가 정말로 좋은 대답을 찾아낼 수 있을까?' 스스로에게 묻습니다. 당연하게도 우리는 무엇도 알지 못하지만, 그럼에도 불구하고 확실한 것 하나가 있다면 질문은 멈추지 않는다는 것입니다. 그러니 다시 아무도 없는 소파에 하나둘 모여 앉아서 고민하고 고민할 따름입니다.

"우리는 무엇을 원하는가?"

Next Answer

철학자의 꿈의 방정식,
태재

김이준

고등학교 재학 중 저는 공부를 왜 하는지, 저의 진로는 무엇인지 고민하는 시간을 많이 보냈습니다. 안정적인 직장에서 돈을 벌어 사회적으로 성공하는 공식을 따르기보다는 제가 되고 싶은 사람은 무엇인지, 제 가치관과 신념은 무엇인지, 그것을 위해서 무엇을 할 수 있을지를 고민했습니다. 제가 졸업한 고등학교 특성상 주변 친구들 모두 열심히 공부해서 좋은 대학에 가려는 분위기가 있었지만 저는 계속 내가 왜 공부를 하고 무엇을 위해 공부하는지 스스로에게 되물었습니다.

저는 행복한 사람이 되고 싶었습니다. 또 하고 싶은 것, 관심 있는 것을 하다 보면 자연스레 제가 하고 싶은 것, 가고 싶은 곳을 찾을 수 있지 않을까 생각했습니다. 고등학교 생활기록부가 그렇게 특색이 있었던 것도 아니었지만 또 나름 재미있는 부분도 있었습니다. 어느 날엔 행복에 관해 생각하며 우리나라의 행복지수가 낮다는 기사를 보게 되었는데 어떻게 하면 우리 사회가 더 행복한 사회가 되어갈 수 있을지에 대해 생각하게

되었습니다. 행복이란 무엇이고 행복한 사회란 무엇인가, 이러한 호기심에 행복의 본질과 행복한 사회를 만들 방법을 탐구하고 싶어 고등학교 3학년 때 철학을 전공하기로 마음먹었습니다. 늦바람이 불었지만 여러 철학자들의 책도 읽어보고, 관련된 에세이와 여러 강의도 들어보았습니다. 학교에 윤리와 사상 과목이 개설되지 않아 수능공부 겸 혼자서 열심히 공부하던 기억도 납니다.

그러나 대학 진학에 실패하며 재수를 준비하던 중 태재대학교를 발견하게 되었습니다. 철학을 공부한다면 좋은 대학교에서 훌륭한 교수님의 가르침을 받는 것이 일반적인 방법이라고 생각했습니다. 그럼에도 제가 태재대학교를 선택한 이유는, 저는 제가 배우고 탐구하며 찾은 가치들을 혼자 간직하는 것을 넘어서 우리 사회의 문제를 해결하기 위해 노력해야 한다고 생각했고, 그것을 태재대학교에서 배울 수 있을 것이라고 생각했기 때문입니다. 철학을 전공하는 주변 지인분의 "그러한 목표를 가지고 있다면 태재대학교가 더 잘 어울릴 것이다"라는 조언도 태재대학교 선택에 도움이 되었습니다.

제가 태재대학교를 처음 접하게 된 것은 구글 뉴스였습니다. 3월 즈음 날씨를 보려다 우연히 추천기사인 새로운 학교에 대한 정보가 제 관심을 끌었습니다. 인구가 줄어 대학도 사라지는 추세라는데 대학을 새로 설립한다는 점이 흥미로웠고, 그 시도가 너무 꿈같아 보였습니다. 캠퍼스 없이 온라인으로 토론수업을 진행하는 미네르바스쿨을 벤치마킹한 학교에 꼭 지원해 보고 싶었습니다. 하지만 어머니께서는 강하게 반대하셨습니다. 재수를 하면서 들여온 노력과 비용들을 쉽게 포기하는 것 아니냐, 아직 학벌을 우선시하는 우리나라인데 힘들지 않겠냐, 태재대학교의 설립 취지는 좋지만 실험이 될 것이다, 늦게 들어가도 괜찮다, 네가 하고 싶은 것은 일반 대학교에 가서도 충분히 혼자 이룰 수 있을 것이라는 말씀이었습니다. 태재대학교의 모집기간은 6월이었기에 우선 더 생각해 보기로 하고 다시 수능 준비에 힘썼습니다.

시간이 흘러 2024년도 대학수학능력시험 6월 모의고사를 보고 난 후 태재대학교의 모집기간이 문득 다시 생각났습니다. 혁신 신생대학에 진학할 수 있는 기회가 머릿속을 떠나지 않았습니다. 새로 설립된 학교의 첫 기수가 된다는 것은 매우 큰 모험입니다. 조언을 해줄 수 있는 선배도 없고, 학교 운영에서 생기는 여러 시행

착오들도 함께 이겨내야 한다는 사실을 잘 알고 있었습니다. 하지만 기존의 틀을 벗어나 새롭게 저의 꿈과 목표를 진취적으로 이루어 나가고 싶은 마음에 도전하기로 했습니다. 그래서 어머니의 반대를 무릅쓰고 생활기록부와 자기소개서 등 여러 자료들을 혼자 준비해서 제출했습니다. 제출할 때는 '돼도 그만 안 돼도 그만'이라고 생각했습니다. 간절해 보이지 않을 수 있겠지만, 어머니의 말씀대로 제가 할 수 있다는 마음가짐만 있으면 다른 대학에서도 충분히 할 수 있을 것이라고 생각했기 때문입니다. 자기소개서를 작성하며 제가 고등학교 때 했던 활동들을 전부 돌아보았을 때 특별하다고 느낀 활동들도 없어서 어떻게 합격했는지는 여전히 의문입니다. 아무래도 제가 스스로 존재에 대해 고민하고, 하고 싶은 일을 찾아나갔던 그 과정들을 교수님께서 좋게 봐주신 것 아닌가 조심스레 추측해 봅니다.

 1차 합격 통보를 받았을 때 면접 준비를 하는 것이 가장 힘들었습니다. 면접은 영어 지문을 읽고 20분간

자신의 생각을 정리한 뒤 한국어로 토론을 하는 그룹 면접과 개별 면접으로 구성되었습니다. 정보가 없었다는 점이 제일 힘들었고, 수능공부를 병행하며 준비하기에는 조금 힘들지 않을까 하는 생각도 있었습니다. 그래서 남은 2주 동안은 영어 공부만 했던 것 같습니다. 토론은 기본적으로 자신의 생각을 논리적으로 정리해서 말하는 것이라고 생각해서 크게 준비하지 않았습니다. 개별 면접의 경우도 작성한 자기소개서를 기반으로 고등학교에서 탐구했던 내용들을 복습하며 제가 평소에 가지고 있던 생각, 태재대학교의 목적과 취지, 가고자 하는 이유를 담아 말씀드린 것 같습니다. 어머니께는 면접 보기 일주일 전에 말씀드렸습니다. 어머니께서 걱정스러운 마음에 면접장소까지 직접 데려다 주시면서도 끝까지 반대하셨습니다. 그래도 면접장소에서 다른 학부모님과 말씀 나누시면서 태재대학교를 선택하는 것에 동의해 주셨습니다. 면접에서 제가 태재대학교에 오기까지의 여정과 고등학교에서의 경험 등을 투명하게 말씀드리고 후회 없다는 마음으로 나오니까 기분이 후련했습니다.

    입학 통보를 받고 기숙사에 짐을 푼 다음 날, 8월 26일부터 28일 3일 동안 1기 학생들과 함께 강원도 양양으로 워크숍을 갔습니다. 본격적인 태재대학교 생활이 시작되기 전에 설렘을 안고 떠났습니다. 버스 안에서 쉬지 않고 대한민국의 교육모델에 대해 토의하던 친구들이 있었던 것도 생각납니다. 저는 창가에서 잠을 청했습니다만 친구들의 뜨거운 열정을 느낄 수 있었습니다. 워크숍에서는 양양 해변에서 서핑도 즐기고, 맛있는 해물 삼합구이도 먹었습니다. 아이스브레이킹 게임으로 서로 친해진 후에는 염재호 총장님과 함께하는 토크쇼 시간도 가졌습니다. '태재 토크'라고 불린 이 시간에 학생들은 각자 태재대학교에 오게 된 이야기를 나누었습니다. 교수님들, 동기 친구들과 인사도 나누며 서로 알아갈 수 있는 좋은 기회였습니다. 다들 샤할(Shahar Bezalel)을 처음 봤을 때 교수님인 줄 알았다는 후일담도 있습니다. Sorry, I did it. 태재대학교의 스태프분들과 직원분들께서 미리 사전답사도 다녀오시고 꼼꼼하게 준비해 주신 덕분에 좋은 워크숍이 될 수 있었습니다.

양양 워크숍의 하이라이트는 입학선언문이었습니다. 입학선언문은 우리의 의지와 마음가짐이 담긴 중요한 문서입니다. 이렇게 의미 있는 문서작업을 갑작스럽게 이벤트성으로 진행하게 되어 놀랐습니다. 사실 AI 사용을 통해 쉽게 작성하는 방법도 있었지만 다들 주어진 일에 책임감을 느끼고 첫 기수로서 입학식의 시작을 제대로 장식해 보자는 마음으로 임했습니다. 한 명이 주도적으로 이끌어가고 자연스럽게 할 일을 나누어 작업하는 모습을 보면서 참 똑똑한 친구들이라는 느낌을 많이 받았습니다. 입학선언문은 양양 워크숍 다음 날 진행된 입학식 때 다같이 읽었습니다. 태재대학교 홈페이지에서 찾아보실 수 있습니다!

태재대학교 입학식이 그렇게 많은 관심을 받을 줄 몰랐습니다. 반기문 전 유엔 사무총장부터 이주호 교육

2023 태재대학교 1기 학생선언문

태재대학교의 첫 입학생들은 학생 스스로 선언문을 작성함으로써 자기주도적 리더십을 발휘하고, 학문적 추구에 대한 헌신을 보여주고자 합니다. 우리 2023년 첫 입학생들은 태재대학교의 새로운 구성원으로서 학교의 비전을 실현하고, 빠르게 변화하는 교육 시스템에 적응할 수 있는 인재가 될 것을 선언합니다. 현재 시스템을 재구상하고 해답을 찾음으로써 학문적 교육의 중요성을 인식하며, 사회가 지속 가능한 글로벌 화합을 이루기 위해서는 미래 리더를 양성하는 데 글로벌 교육과 다양성이 필요하다는 점을 믿습니다.

따라서 현재 우리는 학생으로서 다음을 선언합니다 :
태재대학교에서 열정적으로 학습하고, 우리의 잠재력과 용기를 극대화할 수 있는 기술을 습득하며, 사회를 위해 노력할 것입니다. 인류의 평화와 번영을 목표로 글로벌 문제를 해결하기 위해 태재대학교의 6가지 핵심 역량을 개발하고 강화할 것입니다. 혁신적인 교육 방법을 탐구하며, 능동적 학습을 통해 새로운 지식과 지혜를 부지런히 습득하여 미래의 글로벌 과제에 대비할 것입니다. 협업으로 창출된 시너지를 통해 동료들과 소통하고, 공감하며, 서로를 존중할 것입니다. 글로벌 로테이션을 통해 우리의 시야를 넓히고, 동서양의 조화에 기여하며, 유연성과 다양성을 소중히 여길 것입니다.

따라서 미래의 글로벌 리더로서 우리는 :
태재대학교에서 받을 획기적인 교육을 되새기고 소중히 여길 것입니다. 다양한 분야에서 개척자가 되어 태재대학교의 비전을 실현함으로써 학교를 빛낼 것입니다. 지역 사회부터 전 세계까지 지구촌 사회가 새로운 시대로 나아가도록 책임감을 가지고 돕겠다는 약속을 지킬 것입니다. 이 선언문에 명시된 원칙들은 우리의 대학 생활의 기초가 되며, 신념을 상징합니다. 이러한 원칙들을 통해 우리는 태재대학교의 큰 자산이 되고 인류의 미래에 기여할 글로벌 혁신 리더가 될 것을 맹세합니다.

THE NEXT ANSWER

Great Harmony

부 장관, 허준이 교수 등 유명인사들의 축사로 시작해, 염재호 총장님과 태재대학교 교수님들께서 직접 저희 신입생을 한 명 한 명 맞이하고 환영해 주실 때의 짜릿한 기분을 잊지 못합니다. 저도 잔뜩 부푼 기대감과 설렘으로 태재대학교의 역사적인 첫 시작을 함께하게 되었습니다. 행복했던 만큼 빠르게 지나가버린 일 년을 돌아보며 글을 마칩니다.

Next Answer

그 좋은 밤으로 고요히
들어가지 맙시다.
빛이 저물어 감에 분노하고,
또 분노합시다.

박정인

누군가의 이야기를 A4용지 두 장에 담아내는 것은 참 어려운 일일 것입니다. 공감 능력이 중요한 시대라곤 하나 누군가의 심정을 진정 받아들이기 위해선 그 사람이 살아온 시간과 정확히 같은 만큼의 시간을 살아내고, 그 사람이 겪은 일과 정확히 같은 일을 겪고, 그렇게 함으로써 사고방식을 포함한 누군가의 작동방식에 익숙해져야 가능한 것이 공감이라는 것 아닐까요?

각자의 서사를 적어 내리는 데 필요한 첫 번째는 물리적, 정신적, 그리고 경제적 여유일지 모르겠습니다. 태재대학교 1기 박정인이라고 합니다. 제가 태재대학교에 오게 된 이야기를 들려드리겠습니다.

2004년 1월 10일 서울특별시 종로구 어딘가에서 태어났습니다. 돌잔치 때 마이크를 잡았다고 기억합니다. 3호선 독립문역 근처의 한 아파트에서 2년 정도 지내다가 경기도 고양시 덕양구로 이사를 가게 됩니다. 부모님께서 아침에 출근하시고 저녁에 퇴근하시어, 외할머니와 외할아버지께서 돌봐주셨습니다. 유캔도 드

래곤 스워드를 들고 할머니집 근처를 뛰어다니거나, 선글라스를 하나 끼고 마이크 모형 하나를 들고 '자옥아'를 부르곤 했습니다. 지나가던 할머니께서 천 원을 주시면 슈퍼에 가 '닭다리'를 샀습니다. '닭다리'를 좋아했습니다. 문화센터에 가서 엄마와 춤을 추기도 하고, 야마하 음악학원에 가서 피아노를 배우기도 합니다.

2010년, 고양 화수초등학교에 입학합니다. 130cm 후반으로 다른 친구들에 비해 키가 큰 편이었던 것으로 기억합니다. 모범생까지는 아니었지만 큰 문제를 만들지 않았습니다. 3학년 때 회장 선거 한번 나가보라는 할머니의 조언을 듣고 출마를 결심합니다. 당선되어 학급을 위해 열심히 봉사합니다. 물론 반장 1명에 부반장 2명과 회장 1명에 부회장 2명이었던지라 그냥 친구들이랑 왔다 갔다 하는 게 일이었던 것 같습니다. 이후 맛이 들어 4, 5학년 때 회장 선거에 출마하고 당선됩니다. 이때는 반장, 부반장이 사라지고 회장, 부회장으로 통일되어 그나마 일 같은 일을 했습니다. 초등학교 6학년 때 전교 회장에 당선되고 졸업합니다. 심상정 전 정의당 의원님께서 축하해 주러 졸업식에 오셨던 기억이 있습니다.

2016년, 화수중학교에 입학합니다. 소심했던 탓인지 우르르 몰려다니는 친구들을 처음에 조심스러워했습니다. 공부를 열심히 하진 않았지만 메이플스토리를 열심히 했습니다. 시험기간에도 노트정리와 문제집 풀이보다 일일 퀘스트를 중시했습니다. 그래서인지 기술가정시험에서 한 번은 51점이었나 49점이었나를 받기도 합니다. 밴드부에 지원하여 합격하고 2년 동안 활동하다가 밴드부장이 됩니다. 밴드 이름을 '하리보'로 바꾸고 고양시 대회, 경기도 대회에 나가 수상하기도 합니다. 하리보 멤버들은 지금도 종종 소식을 나누는 친구들인데 그때나 지금이나 제가 더 나은 방향으로 나아가는 데 도움을 주어 감사합니다.

2019년, 운정고등학교에 입학합니다. 집은 고양시였지만 셔틀버스를 타고 매일 파주시로 통학하는데 피

곤했습니다. 하필이면 다른 셔틀버스보다 30분이나 일찍 학교에 도착하는 버스를 타고 다녔던지라 매일 오전 7시에는 뛰어나가야 했습니다. 야간자율학습이 있었는데, 오후 10시에 끝나고 집에 와서 씻으면 자정이었던 것 같습니다. 고등학교 1학년 때 담임선생님 성함이 '송재석'이었는데, 선생님 특유의 리더십 덕분인지 같은 반 친구들과 우리를 '재석이 새끼들'이라 부르며 다양한 추억을 쌓을 수 있었습니다. 보통 다른 반은 자리를 정할 때 뽑기를 하곤 하는데 우리 반은 한 달에 한 번 선착순이었습니다. 그래서 그날이 오면 오전 4시에 학교에 도착하는 친구도 있었고, 7시쯤이면 체육관에 절반 이상이 모여 농구를 하기도 했습니다. 코로나19로 온라인클래스가 시작되고 자연스레 2022학년도 대학수학능력시험을 준비하게 되어 하루 평균 14시간씩 미래를 위해 투자했습니다.

    2022년, 연세대학교에 입학합니다. 전공은 경제학이었습니다. 경제를 좋아해서 진학했던 것은 아니고 수

능성적 맞추어 지원하다 보니 그렇게 되었습니다. 배경지식도 부족하고 관심도 없어서인지 학점은 그리 좋지 못했습니다. 그래도 다른 학생과 함께 하는 일엔 적극적으로 참여하고자 했습니다. 적어도 1인분은 해야지, 함께 하는 일이니 책임져야지 생각했던 것 같습니다. 경제학부는 5개의 반으로 나누어져 있었는데 저는 상경 9반이었습니다. 같은 반 사람들끼리 <비상구>라는 밴드를 만들어 학교 축제에 나가기도 하고, 한번은 무대신청 마감일에 드러머 동생이 정맥 기형이 재발했다 하여 손 조심하고 푹 쉬라는 말을 건네곤 다음 날 바로 드럼 레슨을 받기 시작해 무대를 준비하기도 했습니다.

수능공부할 때 수학이랑 영어를 나름 열심히 했었는데, 연세대학교 경제학부 재학생이 되니 과외수업을 할 기회가 생겨 감사하게도 제가 생각한 것들을 중고등학생들과 나눌 수 있었습니다. 아파트단지에 33,000원씩 내고 광고지를 붙이기도 하고, 과외 플랫폼에 정보를 올려두기도 했는데, 집 근처에서 첫 과외생을 만나 영어학습에 도움을 주었습니다. 당시에 저는 다양한 어휘를 익히는 것이 실력 향상의 지름길이라 생각했기에 영어단어를 보고 0.9초 내로 뜻을 떠올리도록 가르쳐 보았습니다. 이후에는 문장구조를 분석하는 것이 도움이 될 것이라 생각해 영어로 쓰인 글에서 한 문장씩 단어의 뜻과 품사를 정리하고 그것을 조합하여 의미를 이해하도록 지도해 보기도 했습니다.

수업을 준비하며 드는 생각을 글로 작성해 보기도 하고, 문제풀이에 도움이 되는 저만의 방식을 정리한 PDF파일을 입시 커뮤니티에 올려보기도 하다가 수학 과외 요청을 받습니다. 교과서와 시중 문제집도 좋지만 교육과정에 너무 충실하게 미분계수의 정의면 미분계수의 정의, 접선의 방정식이면 접선의 방정식 하는 것보다 함수의 극한이 무엇이고, 그것으로부터 미분을 어떻게 정의하며, 적분은 어떻게 정의할 수 있는가와 같은 하나의 흐름에 대한 이해를 갖춘 후에 문제를 천천히 고민해 보며 풀어나가는 것이 더 본질적인 학습방식이라고 생각했습니다. 그래서 이 믿음을 따라 학생의 학습에 도움을 줍니다.

그러다 보니 한때는 한 달에 20시간 조금 덜 일하고 2백만 원 가까이를 벌기도 해보고, 입시 커뮤니티에 올려둔 글이 조회수 1만 회를 넘기기도 하며 태어나서 가장 강렬하게 현실과 상호작용해 보기도 합니다. 그렇게 자연스레 교육에 관심을 갖게 된 것 같습니다. 더불어민주당이 어떻고, 한동훈 법무부 장관이 어쨌고 그런 소식은 챙겨보지 않더라도 대학수학능력시험 모의평가 결과가 어땠는지, 한국교육과정평가원에서 이번에 어떤 자료를 공개했는지, 어느 대학에서 어떤 계획을 발표했는지와 같은 것은 챙겨봤습니다. 그러다가 한 기사에서 태재대학교를 알게 됩니다.

제가 태재대학교에 끌렸던 점은 이러했습니다. 100% 온라인 영어토론 강의, 지식을 일방적으로 전달하기보다 학생의 생각이 서로 나누어지는 수업, 해외유학 지원, Civic Project 등을 통한 실질적인 문제해결

능력 향상 추구, 한 해 최대 정원 2백 명. 어렸을 때부터 한국에 남아서는 크게 성공하기 어렵다는 생각을 품고 자랐습니다. 어떤 길이 되든 영어를 모국어처럼 학습해 밖에서 일을 벌여보는 경험이 필요하다고 생각했습니다. 물론 이는 연세대학교에서도 교환학생 등의 제도를 통해 시도해 볼 수 있지만 제가 1학년 동안 학교생활을 소홀히 하여 학점이 그리 좋지 않았습니다. 따라서 재수강을 통해 학점을 복구해 3~4학년 때 교환학생으로 가는 것보다 태재대학교에서 새로운 출발을 하는 것이 낫겠다고 판단했습니다.

연세대에서 제가 들었던 대부분의 수업 중 만족스럽지 못했던 것이 강의실에 학생들을 모아놓고 교수님 혼자 말씀하신다는 것이었습니다. 차라리 강의 때 전달할 내용을 수업 전까지 학생들이 스스로 공부해 오게 한 후 수업 때는 학생 간의 의견공유나 교수님과의 질의응답으로 시간을 보내는 것이 더 효과적일 수 있을 것이라는 생각을 해왔습니다. 태재대학교의 수업방식

은 대부분의 대학과 다르게 이 점에 초점을 두었고, 저는 이에 끌렸습니다.

무언가를 배우는 데 가장 좋은 방법은 직접 경험해 보는 것이라고 배웠습니다. 이는 다른 지역에서 직접 생활해 보는 것으로 이어집니다. 하지만 일반적인 유학은 돈이 많이 듭니다. 잘 알아보면 어학연수를 할 수 있는 다양한 곳이 있고 지원도 받을 수 있을 테지만, 그렇게 알아보는 데 들어가는 비용을 줄이고, 신생대학에 적은 정원이라는 강점으로 확실한 지원을 받아 유학을 다녀올 수 있을 것이라는 점도 마음에 들었습니다.

마지막으로, 저희 친할아버지께서 ROTC 1기셨습니다. 아버지께서는 롯데홈쇼핑 쇼호스트 1기셨습니다. 그래서 저도 뭐 하나 1기 해보고 싶었는데 적절한 시기에 태재대학교 소식을 듣게 되어 잘됐다 하고 지원했습니다.

저는 태재대학교에 와서 다음과 같은 질문에 대한 답을 찾고 싶었습니다.

똑똑한 학생을 데려와 착하게 만드는 것과, 착한 학생을 데려와 똑똑하게 만드는 것 중 무엇이 더 효과적인가?

생각이 다른 사람을 만났을 때 설득하기 위해 끊임없이 논리적으로 이야기하는 것과, 그 사람의 감정을 자극하여 나를 좋아하게 만드는 것 중 무엇이 더 효과적인가?

강물의 흐름을 따라 흘러가는 한 마리의 죽은 물고기가 되는 것과, 바람의 흐름을 타고 날아오르는 갈매기 한 마리가 되는 것 사이에는 어떠한 차이가 있을까?

모두가 존중받는 사회와 모두가 존중받지 못하는 사회, 모두가 특별한 세상과 모두가 특별하지 않은 세상에는 어떠한 차이가 있을까?

죽음을 두려워하며 살아남기 위해 발버둥치는 것과, 매일 죽음을 품에 안고 후회 없는 순간으로 하루를 채워가는 것 중 무엇이 더 지혜로운 태도인가?

우리는 행복할 수 있는가, 행복할 수 있다면 어떻게 행복할 수 있는가?

우리는 자유로울 수 있는가, 자유로울 수 있다면 어떻게 자유로울 수 있는가?

진실을 알고 싶다면 모든 것을 의심해야 하는가, 그 무엇도 의심하지 않고 있는 그대로 받아들여야 하는가?

'나'라는 주인공이 쓰는 이야기의 끝은 내가 정할 수 있는가, 정할 수 있다면 어떻게 정할 것이고 정할 수 없다면 어떻게 대응할 것인가?

홀로 상대할 수 없는 거대한 무엇인가를 마주했을 때 도망쳐야 하는가, 나아가야 하는가?

우리에게 중요한 것은 무엇인가, 무엇이 중요한 것인가, 그것이 과연 중요한가?

가족을 책임져야 하기 때문에 꿈을 저버린 청년에게 꿈을 꾸라고 이야기하는 것은 아름다운가?

　아직 20년 조금 더 살아왔지만 이러한 질문을 품고 하루를 보내곤 합니다. 남들 따라 초등학교 졸업하고, 중학교 졸업하고, 고등학교 졸업하고, 대학은 들어왔는데 학사 학위를 취득하고, 석사 학위를 취득하고, 박사 학위를 취득하고, 혹은 직장에 들어가는 것만으로는 위의 질문에 대한 답을 구할 수 있으리란 확신이 들지 않았습니다. 초등학교에 입학하기 전 어쩌다 한번씩

먼 곳을 응시하며 마치 미래의 내가 나를 바라보고 있는 듯한 느낌에 압도당했을 때, 누군가 잘못을 저질렀을 때 그것을 있는 그대로 처벌하는 것과 기회를 주어 다음을 기약하는 것 중 무엇이 올바른 길인가에 대해 고민했을 때, 홀로 영화관에서 영화 한 편을 보고 새벽 1시 37분의 송도 밤거리를 걸으며 나는 어디에 있는가 하염없이 그렸을 때, 그리고 우리나라 교육에 무가 문제가 있고 그것이 해결될 때까지 침묵하고 기다리는 것은 결코 바람직한 방향이 아닐 것이라는 확신이 들었을 때, 이 모든 순간이 저를 태재로 이끌었을 것입니다.

그 좋은 밤으로 고요히 들어가지 맙시다. 빛이 저물어 감에 분노하고, 또 분노합시다. 이것이 제가 태재대학교를 선택한 이유입니다. 여러분의 어제와 오늘 그리고 내일을 응원하고 싶습니다. 함께 고민해 주셔서 진심으로 감사드리며, 우리가 큰 집에서 함께할지 모를 날을 기다리겠습니다.